漫画地球环游记

荷兰

✈ "捣蛋鬼"简的特别旅程

［韩］权奇旺 等著
［韩］金正韩
［韩］李 茉 绘
［韩］韩智善
杨俊娟 译

中国科学技术出版社 科学普及出版社
·北 京·

图书在版编目（ＣＩＰ）数据

漫画地球环游记. 荷兰 / (韩) 权奇旺等著；(韩)
金正韩, (韩) 李茉, (韩) 韩智善绘；杨俊娟译. -- 北
京：科学普及出版社：中国科学技术出版社，2023.1
ISBN 978-7-110-10381-4

Ⅰ.①漫… Ⅱ.①权… ②金… ③李… ④韩… ⑤杨
… Ⅲ.①荷兰－概况－青少年读物 Ⅳ.①K91-49

中国版本图书馆CIP数据核字(2021)第250817号

著作权合同登记号：01-2022-5537
版权所有　侵权必究

策划编辑　周少敏
责任编辑　白李娜
封面设计　翰墨漫童
版式设计　金彩恒通
责任校对　邓雪梅
责任印制　李晓霖

科学普及出版社　中国科学技术出版社出版
北京市海淀区中关村南大街16号　邮政编码：100081
电话：010-62173865　传真：010-62173081
http://www.cspbooks.com.cn
中国科学技术出版社有限公司发行部发行
鸿鹄（唐山）印务有限公司印刷
开本：710毫米×1000毫米　1/16　印张：8　字数：100千字
2023年1月第1版　2023年1月第1次印刷
ISBN 978-7-110-10381-4/K·200
印数：1—10000册　定价：29.80元

人人都有一个环游世界的梦

小时候，我们似乎都有过这样一个梦想：有朝一日可以环游世界！走遍国内外陌生的土地，看遍世界上美丽的风景，体验各种迥异的文化，品尝各地诱人的美食，结识异域可爱的朋友……这一切听起来都是那么的令人心驰神往。

这套融合了历史、地理、人文百科知识的"漫画地球环游记"，正是为梦想环游世界的小朋友准备的一份礼物。在书中，我们可以跟随主人公的脚步，踏上神奇的旅程。在书中，我们可以看到神秘的金字塔、金碧辉煌的凡尔赛宫、城光水色相得益彰的威尼斯；在书中，我们可以漫步异国，品尝新奇的街头美味，体验不一样的节庆氛围；在书中，我们可以了解奥林匹克运动的发展、著名城市的变迁、人类文明的兴衰……通过轻松有趣的阅读，小读者能够身临其境般地了解各国历史、名胜古迹，以及不同的生活方式。如果你也对世界充满好奇，拥有无畏的冒险精神，那么我会郑重向你推荐这套"漫画地球环游记"。

世界再大，也要出发；梦想再小，也要坚持。希望每一位"漫画地球环游记"的读者，都能看到更多，感受到更多，最终实现环游世界的梦！

有着环游世界梦想的编者

目录

序幕
"捣蛋鬼"
简的特别旅程

啊，
青蛙！

青蛙从盒子里
跳出来啦！

快抓住
它们！

到底是
谁干的？

跑到那边
去了！

还能是谁？能做
出这种事，当然
只有一个人了。

嘿嘿！

简！

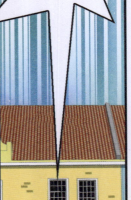

跟我到办
公室来！

简，你是对老师有什么意见吗？

不是啊，没有意见。

那你为什么总是捣乱？

我只是觉得很有趣……

哎，真是头疼。万一真惹出麻烦可怎么办？

麻烦？我没想过。

简，你不能用这样的态度去对待所有的事。有时候，还是需要严肃一点的。

现在我给你一个机会，让你认真去完成一件事。好不好？

什么机会？

我记得你说过，你的梦想是成为建筑师，对吗？今天放学以后，你就写一份关于如何实现梦想的报告，怎么样？

好，没问题！我有信心！

坚定

8

梦想成为
建筑师的你!

地球的未来就掌握在
你的手中。去拯救
地球,实现你的梦
想吧!

找到它们,并拍
下照片,再传送回
来,就可以得到世界
地图碎片的线索。

**寻找世界
地图碎片!**

1. 像蜘蛛网一样连接
   阿姆斯特丹的水道
2. 旋转的、荷兰的象征
3. 荷兰现代建筑的代表人物
4. 乌得勒支大学的
   乐高式建筑
5. 荷兰现代代表建筑

没有时间了!
赶快出发吧!

这,这是什么?
让我去拯救
地球?

看上去就是一台普通
的平板电脑啊……

好像是需要
我的帮助。

看来真的要开始
一次旅行了!

好吧!那我就
接受这个任务!

第一篇
荷兰概况

我一定要证明自己，无论什么事情，只要我想做，就一定能做好！

去荷兰旅行

荷兰，又被称为"郁金香与风车的国度"，意思是那里有很多的郁金香花和风车。此外，荷兰也是尖端工业和畜牧业的先进国家。很久以前，荷兰海上的商业和贸易就非常发达，"荷兰商人"的名号在全世界都是响当当的。

荷兰的畜牧业和园艺业非常发达，美味的奶酪享誉全世界；郁金香、玫瑰、菊花、康乃馨等适合在温和气候下栽种的各种花卉，更是出口到了全世界许多国家。在工业领域，荷兰有很多知名的大企业和中小企业，在钢铁、电子产品、钻石、陶瓷、啤酒等许多行业都生产出大批高品质的产品。而且，荷兰的人均生产总值很高，是欧洲工作时间最短的国家之一。

在文化和艺术领域，荷兰也是走在世界前列的。伦勃朗、鲁本斯、维米尔、梵高等伟大的画家，以及伊拉斯谟、斯宾诺莎等哲学家都是荷兰人。今天的荷兰更是世界建筑业的中心，有雷姆·库哈斯等许多有代表性的、世界级的著名建筑师。

荷兰是一个广受欢迎的旅游国家。无论是城市还是乡村，都有着完备的设施，且环境整洁、风景优美。城市居民除了自己的母语，大多会说英语，还有许多人会说法语和德语。经常可以看到这样的景象，一群荷兰人在一起的时候都说的是荷兰语，而如果有外国人加入，就会马上转换成英语来交流。

荷兰的全称是荷兰王国。荷兰是从 14 世纪开始正式进入欧洲历史的。在那之前，荷兰分为几个小国家，14 世纪时被勃艮第公国统一，才有了现在荷兰的雏形。后来，荷兰又受到了奥地利和西班牙的统治，1581 年才宣告独立，成立了荷兰共和国（尼德兰联省共和国）。

17 世纪，东印度公司成立，荷兰逐渐发展为世界最大的贸易国。凭借这一时期所积累的财富，荷兰得以在世界各地建立殖民地，成为海上强国。当时，荷兰是首屈一指的世界强国，阿姆斯特丹也成为全世界最大的港口城市。在此基础上，荷兰的商业和文化也得到了迅猛发展，特别是涌现出许多著名的世界级画家。

但是，18 世纪以后，荷兰的贸易主导权被英国夺取，19 世纪初，国家又被法国的拿破仑所占领。后来，荷兰从法国脱离出来。在 1815 年的维也纳会议上，荷兰和比利时、卢森堡成立尼德兰联合王国。1830 年，比利时脱离联合王国独立。1839 年，荷兰正式承认比利时独立。第二次世界大战期间，荷兰在德国的占领下，度过了一段艰难的岁月。战争结束后，荷兰积极开展工业化建设，才逐渐有了现在这个富裕的国家。

荷兰是欧盟和北大西洋公约组织的创始国之一。1944年，荷兰与邻国比利时、卢森堡缔结了"关税同盟"，旨在保障三国之间的自由贸易。除了"关税同盟"，荷兰还是欧盟煤钢共同体的缔约国之一。

荷兰东邻德国，南接比利时，西北部濒临北海。荷兰的国土面积大约为4.2万平方千米，截至2022年，人口数量约为1759万，是一个人口密度比较高的国家。因此，荷兰城市内的住房非常紧凑，挨得密密匝匝，就好像童话中的房屋一样。尽管如此，国土面积是荷兰数倍的印度尼西亚，曾经却是荷兰的殖民地。

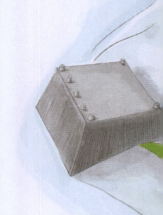

　　地势低平是荷兰地形最突出的特点，荷兰最高的山也只有海拔322米。荷兰1/4的国土都低于海平面。"荷兰"在日耳曼语中叫作"尼德兰"，意思就是"低地之国"。因此，从很久以前开始，荷兰人就一直与大海做着抗争。为了增加国土面积，荷兰启动了围海造陆工程，那些典雅美丽的风车，实际上是一种逐级提水的手段，可以把倒灌的海水排入大海。虽然现在荷兰已经全部采用现代化的设备，但风车被保留了下来，成为荷兰一道迷人的风景。

　　为了对抗这种不利的自然条件，荷兰人修筑堤坝，向大海要农田，这一举措为荷兰增加了将近20%的国土面积。在荷兰的地名中，有很多含有"Polder"一词，意思就是围海造陆。地名中带有这个词的地区，一般都是通过填海造地而形成的。荷兰在西欧属于纬度比较高的国家，但因为受海洋性气候影响，所以全年的气候都温和湿润，非常宜人。而距离海洋比较遥远的东南部大陆地区，则受到明显的大陆性气候影响，冬天极为寒冷。

　　荷兰本土下设12个省，首都是阿姆斯特丹。荷兰实行的是议会君主立宪制，立法机关是两院制的国会。

　　荷兰人有大约30%信奉天主教，这个数值在欧洲国家中算是很低的。更为特别的是，荷兰有40%左右的人没有任何宗教信仰。

围海造陆后斯霍克兰的村庄

　　荷兰人尊重传统，同时也非常开放和现代。因此，在荷兰你会见到许多很有个性的人。在开放与自由的氛围下，荷兰人认为，尊重他人的个性是非常重要的。这也让荷兰成为一个个性分明、多姿多彩的国家。

　　荷兰是一个高度发达的国家，人民生活也很富裕，但依然保持着勤俭的生活习惯，在教育上也特别重视这一点。或许就是因为这样的教育，才造就了今天的荷兰。

阿姆斯特丹的史基浦机场、法国巴黎的戴高乐机场、英国伦敦的希思罗机场、德国的法兰克福机场都是欧洲重要的核心机场，这些机场设施完善，并且具备良好的文化氛围。从机场到市区可以搭乘火车，非常方便。荷兰的火车线路发达，效率极高，也非常便利。

　　在日常生活中，荷兰人很喜欢骑自行车，自行车道遍布全国。除了高速公路以外，自行车几乎可以骑行到任何地方。在荷兰，80%以上的人拥有自行车，是名副其实的"自行车王国"。

　　在荷兰，每座城市都有自行车道，还有自行车专用信号灯，为自行车骑行提供了一切便利，并保证了安全。甚至还有连接两座城市的自行车专用道路。荷兰人对于自行车的这种热爱，与从小受到的教育是分不开的。孩子们从小就会接触到自行车，每个学校也会单独设立自行车停车场，政府也特别支持和鼓励大家使用自行车。

史基浦机场

荷兰真是一个名副其实的"自行车王国"！我也跟他们去骑一圈吧！

阿姆斯特丹骑自行车的人们

　　来到荷兰，先租一辆自行车，整个旅途会变得更加方便。火车站附近就有很多租赁商店，如果觉得租金太贵的话，也可以去市场买一辆二手自行车，旅行结束以后，再回到市场把它卖掉。不过，因为自行车的价格不便宜，因此经常会出现被盗的情况，还需要特别小心。另外，如果把自行车随意停放，警察有权将车

拖走，这一点尤其需要注意，一定要把自行车停放在专用的自行车停车场。

在饮食方面，荷兰有一个非常明显的特点，那就是食用特别多的海鲜。因为国土狭小，环境恶劣，所以荷兰的农业并不发达，但是由于临近大海，让荷兰人可以捕获许多新鲜美味的鱼类和贝类。特别是产自北海的鲱鱼，是荷兰最具代表性的美食，广受欢迎。荷兰人对鲱鱼可谓情有独钟，他们还有一个传统，就是每年第一批捕捞上来的鲱鱼一定要敬献给国王。

奶酪也是荷兰著名的美食，种类多达几百种，并大量出口。其中最著名的豪达奶酪、艾登奶酪等都是以产地来命名的。对于喜欢品尝奶酪的人来说，荷兰之行一定会是一次惊喜之旅。

荷兰的奶酪商店

荷兰的主要城市

阿姆斯特丹

　　荷兰首都阿姆斯特丹原本是一个小渔村，在荷兰的黄金时代一跃成为世界上重要的港口城市。17世纪的时候，阿姆斯特丹已经成为全世界最大的商业城市，直到现在，这里

依然是欧洲海上贸易和交通中心。

　　阿姆斯特丹的很多产业都非常发达，其中最迷人的一个，要算是享誉世界的钻石加工业。阿姆斯特丹有很多从事钻石加工的著名企业，在这些地方，人们可以直接观看到钻石加工的整个过程。

　　阿姆斯特丹是一座呈扇形的城市，运河如同蜘蛛网一样，把整座城市贯通起来。这些运河延伸到城市的每一个角落，因此，如果想舒适安逸地游览阿姆斯特丹，运河上的游船是一个很好的选择。运河两岸坐落着许多砖石结构的老房子，码头附近还有水上房屋。这些水上房屋其实就是人们把家安在船上，并居住在里面。

像蜘蛛网一样把阿姆斯特丹连接起来的水道，就是辛格运河。耶！第一个任务成功！现在该去完成下一个任务了！

咔嚓！

安妮·弗兰克的家与《安妮日记》

　　《安妮日记》一书的主人公——安妮就住在阿姆斯特丹。安妮是出生在德国的犹太人，为了躲避纳粹的迫害，安妮全家藏匿在密室中长达两年。令人遗憾的是，最终一家人还是被纳粹发现，安妮和姐姐、妈妈在收容所中离开了人世。幸存下来的安妮父亲将女儿的日记公之于世。《安妮日记》在全世界引起了强烈反响，安妮的名字也被大家永远记住。

　　被誉为"光与暗的画家"和"灵魂画家"的伦勃朗，善于运用"光暗处理手法"，是文艺复兴时期著名的艺术巨匠，他的故居就在阿姆斯特丹。伦勃朗从 1639 年就开始居住的房子现在已经成为博物馆。阿姆斯特丹具有代表性的著名场所还包括收藏有印象派画家梵高作品的梵高美术馆、属于新古典主义建筑杰作的国家美术馆、阿姆斯特丹中央火车站、位于市中心的达姆广场等。

在阿姆斯特丹旅行的时候，你会看到许多各具特色的市场。尤其是出售各种杂货和生活用品的跳蚤市场，吸引了很多游客前往。仔细挑选的话，人们经常能用极为低廉的价格买到在其他地方很难看到的、特别的物品。

国家美术馆

达姆广场

跳蚤市场

阿姆斯特丹中央火车站

阿姆斯特丹好玩的地方真是太多了！不过，风车到底在哪儿呢？

伊拉斯谟斯大桥

鹿特丹

　　鹿特丹是仅次于阿姆斯特丹的荷兰第二大城市。鹿特丹的造船、原油加工、机械、化学等重工业非常发达。在市中心，矗立着许多现代化的建筑。鹿特丹的商业也特别发达，因此，当地居民除了会说荷兰语和英语，能熟练使用其他外语的人也非常多。

　　不过，今天如此繁荣的鹿特丹的背后，却隐藏着一段悲伤的历史。第二次世界大战时，在德国的炮火袭击下，鹿特丹几乎面临毁灭，每个人都经历了巨大的灾难。战后，所有人齐心协力投入到城市的建设中，才有了今天这个现代化的鹿特丹。

很多世界著名的建筑师，都在鹿特丹留下了他们的作品，让这里成为现代建筑的展示地。在鹿特丹的建设过程中，充分展现了荷兰人战胜不利条件的坚定意志。

鹿特丹虽然是一座大都市，但很多著名的景点都集中在中央火车站附近，步行就可以参观。在著名的莱恩班商业街和旧时的港口，以及现代建筑云集的中心区散散步，会是一件很惬意的事情。此外，保留了17世纪古典气息的德夫哈芬码头、海洋博物馆、鹿特丹最著名的现代建筑作品——立体方块屋、伊拉斯谟斯大桥等，都是鹿特丹不可错过的景点。

立体方块屋

海牙

　　海牙虽然不是荷兰首都，但它是荷兰中央政府的所在地，外国使馆也都在海牙。因此，海牙才是荷兰实际意义上的政治和行政中心。海牙的英文名称是"The Hague"，而荷兰人更喜欢称这里为"Den Haag"，意思是"森林里的花园"，或者称为"'s-Gravenhage"，意思是"伯爵家的树篱"。

　　近代史上有很多重要的国际会议都是在海牙召开的，比如1899年和1907年召开的两次国际和平会议，又称海牙会议。其中，1907年第二次会议召开时，大韩帝国的皇帝高宗派遣密使李俊等人前往海牙，想在会议中揭发日本侵略韩国的真相，但最后以失败告终，李俊也悲愤地死在海牙。1995年，韩国在海牙设立了李俊烈士纪念馆，位置就选在了当时李俊烈士殉国的酒店。

现在，联合国为了和平解决国际纷争，在海牙设立了海牙国际法庭和仲裁法院。

另外，荷兰陶瓷之乡代尔夫特就位于海牙与鹿特丹之间。代尔夫特瓷器采用传统技法，在白色釉面上手工绘制蓝色图案，荷兰皇室使用的餐具就是由这里提供的。

代尔夫特瓷器

李俊烈士纪念馆

这就是荷兰的象征，为了与海水抗争而不停旋转的风车！第二个任务完成！

咔嚓！

桑斯安斯的风车

桑斯安斯

桑斯安斯可能是与我们想象中典型的荷兰乡村最接近的地方，这里幽静安详，而且还能欣赏到荷兰最著名的风车。桑斯安斯距离阿姆斯特丹大约 13 千米，这里有平静如镜的湖泊，有美丽的风车，如同童话中的村庄一般。原来，这里曾经有超过 700 座风车，但现在只剩下了几座，迎接着来到这里的游客。除了风车，桑斯安斯还完好地保存了 17—18 世纪的小木屋。游客在这里不仅可以了解到荷兰传统木鞋的制作过程，还能品尝到美味的奶酪和果酱。

阿尔克马尔

在"奶酪大国"荷兰，阿尔克马尔是著名的奶酪之城。阿尔克马尔位于桑斯安斯北部，每年从 4 月中旬开始，一直到 9 月中旬，每个星期五上午都可以在市场中见到传统的奶酪交易。每到这个时节，广场上总是人山人海。身穿白色工作服的工人忙着搬运大块的奶酪，而身着传统服装的姑娘们会将各种奶酪分给人们品尝。很多游客会专门来到阿尔克马尔，亲自感受传统奶酪交易市场的魅力。在由 14 世纪的教堂改建而成的奶酪博物馆里，人们还可以看到奶酪制作的整个过程。

除此以外，来阿尔克马尔的时候也千万不要错过建成于 16 世纪的圣劳伦斯教堂。

阿尔克马尔奶酪交易市场

33

热爱鲜花的人们

荷兰是一个园艺业非常发达的国家。它之所以能成为花的国度，不仅因为荷兰人喜欢花，最主要是来自国家政策方面的支持。与其他国家相比，荷兰的园艺有着悠久的历史，在农业设施和栽培技术方面也走在世界前列。荷兰人种植鲜花不仅仅是简单的播种浇水，而是会引进遗传学等尖端技术，让花朵盛开得更加娇艳美丽。近些年还开发了电脑控制装置，可以自动调节水量、二氧化碳的浓度、肥料的施放量，以及光照的程度等。

在荷兰，有很多人都在从事园艺业。以鲜花为主的园艺作物占了全部农产品的1/3。其中，鲜切花大部分都是出口国外的。荷兰是全世界最大的鲜切花出口国，全世界交易的鲜切花中，一半以上都来自荷兰。

阿尔斯美尔是位于阿姆斯特丹近郊的一个小村庄，而世界最大的花卉市场就在这里。阿尔斯美尔每天的花卉交易量非常大，运送鲜花的卡车，也成了一道亮丽的风景。现在，整个交易过程都是通过电脑网络完成的，因此更加快速而便捷。普通游客也可以来到阿尔斯美尔，并且能参观花卉的整个交易过程。所以，感兴趣的话不妨抽出时间去逛一逛。不过，和其他批发市场一样，阿尔斯美尔花卉市场的开门时间特别早，所以想去的人一定要关注营业时间。

　　除了荷兰最具代表性的花卉郁金香以外，玫瑰、康乃馨、菊花、小苍兰等也是人们非常喜欢的品种。当然，郁金香是荷兰的象征，只要提到荷兰，人们首先想到的总会是郁金香。库肯霍夫公园是全世界最大的郁金香公园，公园占地0.28平方千米，种植了各个品种的郁金香。在郁金香盛开的3月末到5月中旬，这里

阿尔斯美尔的花卉市场

会举办盛大的郁金香节，也吸引了来自世界各地的游客。

　　因此，如果去荷兰旅行，最好能选择郁金香花盛开的3—5月。虽然任何一个国家的春天都很美，但盛开的郁金香让春天的荷兰，成为最美丽的国家之一。

库肯霍夫公园的郁金香节

第二篇
生活在荷兰

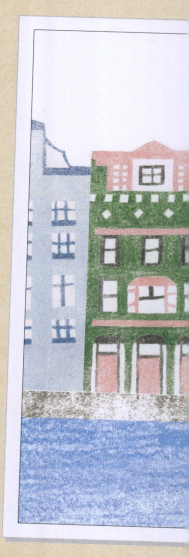

漫画地球
环游记

"各位乘客，我们的飞机马上就到达阿姆斯特丹史基浦机场了。"

终于到了，风车与郁金香的国度——荷兰！

大家好，我是智民。

这次我跟随在航空公司工作的妈妈来到荷兰，我的妈妈要在这里工作三年。

马上就要见到来接我们的瑞阿姨了。

 Goede morgen：（早上好）!

这是我第一次听到荷兰语的问候。

如果是初次见面，可以说"Aangenaam（初次见面很高兴）"。

我们坐上了瑞阿姨的车。路上，阿姨给我们讲了许多关于荷兰的事情。

　　车里有些热，我请阿姨打开空调。

　　可是，车里竟然没有空调。

　　原来，荷兰的气温即使在比较热的时候，也很少会超过 20℃。

　　一年中需要开空调的时间最多也只有一个月，所以大部分的车辆都是没有空调的。

荷兰曾经经历过多次洪水泛滥所带来的灾难，因此，荷兰人认为坚固的大坝和防波堤是非常重要的。

很多城市的名字中，也包含了这一层含义。

首都阿姆斯特丹在荷兰语中的意思就是"阿姆斯特尔河上的大坝"。

第二大城市鹿特丹也是一样的。

它在荷兰语中的意思是"鹿特河上的水坝"。

要建造防波堤和水坝，石头是不可缺少的。

但荷兰全都是平原低地，几乎没有石头，只能花费巨资进口。

瑞阿姨还给我们讲了一个在荷兰家喻户晓的传说。

小男孩汉斯发现防洪堤上有一个小洞，于是就用手指堵住，阻止了洪水淹没城镇。

其实，这并不是一个真实的事件，但还是有很多游客慕名而来。

于是政府就在帕斯伦丹立起一座汉斯的雕像作为纪念。

虽然荷兰饱受洪水侵袭，但可以饮用的水资源却严重不足，因此荷兰有一首著名的诗是这样写的：

"水，水，虽然到处都是水，
却一滴也不能喝！"

　　我有些担心上学的事情，不过瑞阿姨告诉我，荷兰的学校各具特色，只要找到适合自己的就可以了。

　　荷兰的学校既自由，又严格。

　　除了每年的上课时间和假期是规定好的，其他都可以由学校自主决定。

　　甚至有些学校是不按照年龄来设立年级的。

　　荷兰的义务教育是12年，12岁小学毕业后，通过考试来进行下一步的选择。

　　进入初级职业学校，毕业后可以直接工作；进入中级或高级职业学校，毕业后可以工作，也可以选择进入大学继续学习。

　　当然，必须成绩足够好才可以。

　　在荷兰，自行车是一种非常重要的交通工具，除了高速公路，几乎所有的地方都可以骑自行车。

　　因为自行车也是"车"，所以在交叉路口转弯的时候，也必须按照方向举起手臂，做出提示。

　　荷兰的地形比较低平，非常适合骑自行车。

　　瑞阿姨对我说，来到荷兰，一定要学会滑冰。

　　说到滑冰，不得不提的就是被称为"冰赛之王"的"荷兰十一城市滑冰赛"。

　　这项比赛横跨弗里斯兰省的11座城市，全程在自然冰面上进行。

但是为了保障安全，冰层厚度必须达到 12 厘米以上才可以举行比赛。因此，天气一冷，就会有工作人员开始忙着测量冰面的厚度了。

　　因为整个赛程长达 200 千米，要让所有的冰层都达到要求并不是一件容易的事。

　　因此，这项赛事自 1909 年首次举办，一百多年间也只举办过 15 次而已。

　　所以，每到冬天，荷兰人都会很热切地想要知道能否举办这项比赛。

瑞阿姨还告诉我，一定不要错过荷兰最盛大的"国王节"。

国王节这一天，国王和王室成员会访问一些地方，并与当地居民共同欢度节日。

这一天最重要的活动，要算是跳蚤市场的市集了。

孩子们也会带上积攒了一年的各种物品，来跳蚤市场交换或出售。

为了能占一个好位置，或是为了能买到更好的商品，很多人会早早地来到跳蚤市场。

　　街道上还会有乐队演出，热闹的场面会一直持续到太阳落山。

　　通过跳蚤市场的市集，孩子们可以感受到浓厚的商业氛围，也会逐渐具备和他们的祖先一样的商业眼光。

　　我如果把随身带来的东西拿到跳蚤市场，会不会很受欢迎呢？

在荷兰，每年的 5—7 月，是鲱鱼最美味的时候。

这时候捕捞的鲱鱼肉质肥厚，品质上乘。

让我印象最深刻的一幕，就是人们抓着鱼尾，把整条鱼塞进嘴里的样子。

5—7 月捕捞的鲱鱼加盐腌渍后，就制成了生腌鲱鱼。

有很多人相信，生腌鲱鱼不仅味道鲜美，还有治疗感冒的功效。

也许是因为曾经占领过印度尼西亚的缘故，荷兰人也很喜欢烤肉串、炒饭、炒面等印尼风味。

听着瑞阿姨讲的这些，我对荷兰的期待更加强烈了。

以前，我以为这里只有郁金香和风车，原来还有这么多有趣的事情。

好了，现在和我一起在荷兰游览一番吧！

Tot ziens（再见）！

第三篇
与荷兰有关的一切

如果能进一步了解荷兰，我的任务完成起来一定会更加顺利！

荷兰的历史

"上帝创造了世界，但荷兰人创造了荷兰。"这句话让荷兰人充满自豪！

日耳曼人的征服与分裂 ● 约500年

西罗马帝国灭亡以后，日耳曼人进入并在欧洲定居。荷兰也分裂为弗里斯兰人、法兰克人和撒克逊人。

查理大帝的法兰克王国 ● 约800年

约800年，查理大帝建立了一个包括现在的法国、德国、意大利、荷兰在内的庞大的帝国。查理大帝所建立的这个王国终于为长期处于混乱中的欧洲带来了暂时的稳定。但是，查理大帝死后，法兰克王国分裂，荷兰重新被瓜分，成为其他国家的属地。

城市因贸易而得到发展 ● 约10世纪

利用船舶进行的贸易繁荣起来后，以阿姆斯特丹为首的荷兰许多城市的贸易日趋活跃，城市也得到了发展。

被并入西班牙领土 ● 1555年

　　荷兰原本属于哈布斯堡帝国，哈布斯堡王朝的卡尔五世退位以后，将领土进行了分割，将德国和奥地利分给弟弟斐迪南一世，将西班牙与荷兰分给儿子腓力二世。荷兰也因此被并入西班牙，接受腓力二世的统治。

开始对西班牙的反抗 ● 1568年

　　西班牙的腓力二世向荷兰派遣总督，并增加赋税，对商业提出种种限制。而且，腓力二世在 1517 年宗教改革之后，针对信仰新教的荷兰人设立了宗教裁判所，并采取了一系列强压政策。1568 年，著名爱国贵族威廉·范·奥伦治率领雇佣军向西班牙军队发起进攻，虽然最后以失败告终，但却为日后荷兰的独立战争播下了种子。

威廉·范·奥伦治

1555年　被并入西班牙领土

1602年　东印度公司成立

1100年　　　　　　　　1500年　　　　　　　　1600年

1568年　开始对西班牙的反抗

1581年　荷兰的独立宣言

荷兰的独立宣言 ● 1581年

1581 年，以奥伦治为中心的荷兰北部七省正式成立联省共和国，并宣布废黜西班牙国王腓力二世。事实上，这就如同荷兰的"独立宣言"。1588 年，北部七省建立了统一的荷兰联省共和国。但是，西班牙人并没有轻易放弃，之后又经历了大约 30 年的战争，荷兰才得以完全独立。

东印度公司成立 ● 1602年

1600 年，英国首先在印度设立东印度公司，并获得了贸易垄断权。荷兰于 1602 年将东印度地区的多家公司合并，成立了荷兰东印度公司，并在非洲、亚洲和美洲大陆开辟殖民地。1612 年，荷兰又以东印度公司为基础，建立了西印度公司，并进入北美，建立了新阿姆斯特丹城，大肆进行各种贸易和殖民地的拓展。

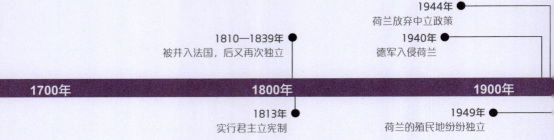

1944年 ●
荷兰放弃中立政策

1810—1839年 ●
被并入法国，后又再次独立

1940年 ●
德军入侵荷兰

1700年　　　　　　　　　　1800年　　　　　　　　　1900年

1813年 ●
实行君主立宪制

1949年 ●
荷兰的殖民地纷纷独立

被并入法国，后又再次独立 ● 1810—1839年

　　拿破仑登基成为法国皇帝以后，任命自己的弟弟路易·波拿巴为荷兰国王，并取消了共和制，将荷兰并入法国。在之后的1810—1813年，荷兰一直是法国的领土。在1815年的维也纳会议上，包括荷兰和比利时在内的一些国家恢复独立。1830年，比利时脱离荷兰宣布独立。1839年，两国正式签订合约，荷兰承认比利时为独立国家。

实行君主立宪制 ● 1813年

　　随着拿破仑的没落而从法国独立出来的荷兰开始实行君主立宪制。后来，威廉一世国王成为荷兰王室的第一位国王。荷兰王室的历史也从那时开始，一直延续至今。

德军入侵荷兰 ● 1940年

　　第二次世界大战爆发以后，德国与荷兰开战。虽然在第一次世界大战期间，荷兰作为中立国没有参加战争，但在第二次世界大战中，荷兰却被希特勒所率领的德军入侵并占领。荷兰的威廉明娜女王带着王室成员逃到英国，并建立流亡政府抗击德国，一直坚持到战争结束。

荷兰放弃中立政策 ● 1944年

经历了第二次世界大战以后，荷兰放弃了从第一次世界大战开始一直坚持的中立政策，宣布加入北大西洋公约组织和欧洲共同体，以及后来的欧洲联盟，正式成为西方阵营的一部分。

荷兰的殖民地纷纷独立 ● 1949年

第二次世界大战结束以后，长期被荷兰占领的殖民地也纷纷开始独立。1949 年，被殖民统治长达 300 年的印度尼西亚率先独立，成立印尼联邦。1975 年，被统治了近 400 年的苏里南也宣布独立。

123年来首位男性国王加冕 ● 2013年

从 1890 年开始，荷兰连续出现了三位女王。2013 年，时隔 123 年，终于迎来了首位男性国王的加冕。荷兰王室一直有着在世退位的传统。2013 年，荷兰女王贝娅特丽克丝宣布退位，并将王位移交给长子威廉·亚历山大。

59

荷兰的名人

荷兰拥有很多大家耳熟能详的著名画家。

扬·凡·艾克 ● 1395—1441年

　　扬·凡·艾克是早期尼德兰画派最伟大的画家之一，是油画形成时期的关键性人物，对油画艺术技巧的纵深发展作出了独特的贡献。主要作品包括《阿尔诺芬尼夫妇像》《空墓前的三圣女》《根特祭坛画》《包着红头巾的男子》等。

德西德里乌斯·伊拉斯谟 ● 1466—1536年

　　伊拉斯谟出生于鹿特丹，是著名的人文主义思想家。他是文艺复兴时期人文主义的先驱者。伊拉斯谟原本是天主教的一位神父，从事神学研究。他的代表作《愚人颂》描绘了当时的世态世象，讽刺了作为最高权威的罗马教廷。伊拉斯谟的思想对从中世纪到文艺复兴时期的整个欧洲都产生了重要的影响，特别是对16世纪的法国文化及思想发展影响深远。

威廉·范·奥伦治（威廉一世） ● 1533—1584年

　　威廉·奥伦治是带领荷兰脱离西班牙统治，获得独立的政治领袖。在威廉·奥伦治的带领下，荷兰反抗西班牙统治的独立运动取得胜利。荷兰17个省中的北部7省联合起来，于1581年成立尼德兰联省共和国，宣告独立。威廉一世指挥军队抗击西班牙势力，成为第一任国王。

伦勃朗·凡·莱因 ● 1606—1669年

伦勃朗出生于一个富裕的家庭，是欧洲17世纪最伟大的画家之一。伦勃朗很喜欢画历史画，但是在当时新教盛行的荷兰，很少有人会订购包含宗教和历史内容的作品。因此，在当时到处都是富翁和商人的荷兰，伦勃朗是从画肖像画开始获取好名声和财富的。逼真的描绘，清楚的明暗对比，以及细腻的服装质感，让伦勃朗成为当时最受瞩目的肖像画家。除此以外，伦勃朗还留下了许多以《圣经》为主题的作品。

伦勃朗还留下了许多自画像，数量超过100幅。其他主要作品还包括《夜巡》《木匠家庭》《尼古拉·特尔普教授的解剖课》《三棵树》等。

巴鲁赫·斯宾诺莎 ● 1632—1677年

斯宾诺莎是一位深受笛卡尔哲学思想影响的哲学家，他主张宇宙与神融为一体的泛神论。他的"神"不是宗教上的神，而是自然。德国作家诺瓦利斯认为他是"对上帝如痴如醉的人"。斯宾诺莎认为，自然界的一切都是必然的。他的著作包括《伦理学》《神学政治论》《知性改进论》等。

文森特·梵高 ● 1853—1890年

梵高是全世界最著名的画家之一，也是后印象画派的代表人物。他的一生短暂而又充满传奇色彩。梵高出生于一个牧师家庭，因此，梵高曾一度梦想成为一名牧师，但后来只是当了一名传教士。

1880年，梵高立志学好绘画，在弟弟提奥的建议下，他开始在布鲁塞尔皇家美术学院学习绘画。但是后来据梵高自己说，他的技巧和笔法大部分都是自学的。

虽然面临着不稳定的精神状态，以及贫穷的生活环境，但梵高还是确立了自己独特的画风，并留下了许多不朽的作品。

虽然生前一直没有得到肯定，但在梵高去世后，他的画却得到了极高的评价，并对20世纪初出现的野兽派产生了深远的影响。除了绘画作品，梵高与弟弟提奥之间的大量书信也非常有名。很多学者现在依然在通过这些信件，对梵高进行分析与研究。梵高对现代的绘画、文学、电影等许多领域都产生了极大的影响，被誉为"不朽的画家"。他的主要作品包括《吃马铃薯的人》《向日葵》《自画像》《星夜》等。

彼埃·蒙德里安 ● 1872—1944年

蒙德里安是风格派（20世纪几何抽象主义画派）的领袖。他与画风自由豪放的康定斯基，都是抽象画派的鼻祖。蒙德里安重视秩序与均衡之美，追求水平与垂直线的纯粹抽象构成。

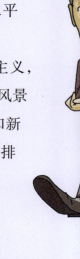

蒙德里安并不是从一开始就追求抽象主义，早期的时候，他擅长通过自然主义手法描绘风景和静物，后来逐渐开始追求纯粹抽象主义和新造型主义。如果把他的作品按照不同的时期排列出来的话，可以对抽象主义的发展有一个全面的了解。蒙德里安的作品有着完美的秩序与形态，而与他的作品一样，蒙德里安一生安于孤独与清贫，过着如同清教徒一般的生活。

古斯·希丁克 ● 1946年—

希丁克是著名的足球教练，在1998年法国世界杯中率领荷兰队获得了第四名。在2008年欧洲杯中，希丁克率领俄罗斯国家队打进半决赛。希丁克原本是荷兰的一名足球运动员，一直默默无闻，成为教练后却获得了巨大的成功。

雷姆·库哈斯 ● 1944年—

雷姆·库哈斯是近代建筑史上大师级的人物。他出生于鹿特丹，可以毫不夸张地说，在现代城市建筑中，他拥有着最高的地位。2000年库哈斯获得了有建筑界诺贝尔奖之称的普利兹克奖。

他的设计风格简洁纯粹，以视角新颖而闻名世界。他的理论是前进、再前进，对新事物始终保持着不灭的热情，这让他始终走在时代的最前端。这也正是他建筑创作的基础之一。雷姆·库哈斯的代表作包括美国西雅图的中央图书馆、德国柏林的荷兰大使馆、中国北京的中央电视台新址大楼等。

我的报告里写什么建筑好呢？

不如就以能有效利用荷兰环境的建筑物作为主题好了。

嗯，啊！

哐当

哎哟！

你没事吧？

嗯，我没事，不过我的自行车……

你看，车链子掉了。

交给我吧。

看我给你露一手！

66

好了。

哇，你太厉害了！谢谢你！

来，拿这个擦擦脸吧。我叫拉乌拉，认识你很高兴。

你好，姐姐。请问，你对这附近熟悉吗？

我正在找适合写进报告的建筑物，不过还没有头绪。

哈哈，你的运气不错。

我就是学建筑专业的。你觉得阿姆斯特丹防线怎么样？它就是利用荷兰的自然环境建造的。

阿姆斯特丹防线？

没错，其中最值得一看的就是那里的堡垒。

往那边走就到了。

哇，姐姐你真是个没有翅膀的天使啊！

主要还是你比较幸运，哈哈！

著名的旅游胜地和文化遗产

国会大厦（海牙）

代尔夫特新教堂（乌得勒支）

金德代克-埃尔斯豪特的风车群（金德代克）

阿姆斯特丹王宫（阿姆斯特丹）

国家博物馆（阿姆斯特丹）

里特维尔德的施罗德住宅（代尔夫特）

阿姆斯特丹

这里就是<u>阿姆斯特丹</u>防线的堡垒。

先拍张照片,回头放在报告里。

这些堡垒是阿姆斯特丹防线的一部分,作用是守卫阿姆斯特丹港口的入口。

原来是这样。那么真正的阿姆斯特丹防线又是什么呢?

原来指的是利用洪水防御外敌,保卫阿姆斯特丹的防御工事,是由45座堡垒组成的。

果然,有效利用周围环境……

也能设计出好的建筑。

哇,还能利用洪水抗击敌人!

来，走这边。

那些人为什么要追你？

可以了。

啊！难道你犯了什么罪吗？

当然不是。

追我的人是德国纳粹。

要是被他们抓到，就会把我送到很可怕的地方。

什么？那不是第二次世界大战时候的事吗！

你难道是安妮·弗兰克？

啊

是的，那就是我的名字。

真是个奇怪的女孩，我还是小心一点儿。

啊，是吗？那你现在要去哪儿？

跟我来

74

这里不是辛格运河吗？

沿着这条运河，就可以到达国家博物馆。

博物馆？

嗯，我要去那里找一件东西，快上船！

你认识路吗？

我听说，辛格运河非常复杂，连接着老城区的每一个角落。

别担心，这条路我已经走了几十年了。

几十年……骗人的吧？

是吗，那我就放心了。

而且，这条运河虽然看上去复杂，但只要了解就不会有什么问题。

真的吗？它好像是按照严格的设计建成的。

它是 16—17 世纪时，根据新港口城市的规划建造的。

以老城区为中心，像蜘蛛网一样，连接着阿姆斯特丹每一个历史悠久的地方。

你对辛格运河挺了解的啊！

嗯，我曾经学习过。我的梦想就是成为一名建筑师。

我正在寻找荷兰著名的建筑，顺便执行重要任务。

好酷啊！

当然了。你的梦想是什么呢？

我？

我，我没有梦想。

没有？为什么？

因为……

啊，我们到了！下船吧。

这里就是国家博物馆！

哇，好宏伟啊！

当然了，这是荷兰规模最大的博物馆。

史前时代的文物、17世纪的作品和近代的名画，这里是应有尽有。

来这边。

嗯？好奇怪，刚才镜子里……

镜子怎么了？现在可不是照镜子的时候。

就是这个。

这不是展品吗?

哔
哔
哔

好了。

嗯?你怎么会知道密码?

难道你要把它偷走?

不是的,这本来就是我的东西。

本来是你的东西?

是的,从我很小的时候开始,它就陪着我了。

那它为什么会在这里呢?

以后我再跟你解释吧。现在警卫马上就要来了。

什么?警卫?那你不就是小偷?

我先走了。

等一等,我和你一起走!

呼呼,怎么回事啊?

最后还是被偷出来了。

别担心,以后我会放回去的。但这确实是我的东西。

那你这么费劲,是想把它拿到哪儿去呢?

这个……

船不见了!

终于被我们找到了。

虽然以前你总是跑掉……

不过这次没那么容易了，哼哼！

怎么回事？那些人竟然真的穿着纳粹的军装！

我们快逃吧！

安妮，我们去骑自行车！

坐好了吗？走！

哼，你们竟还敢跑？给我停下！

80

又有什么事？

简，当一件事情没有按照你的希望得到解决的话，可以试着后退几步去重新思考。

你一定会有新的发现。

这到底是什么意思啊？一直在说这种莫名其妙的话。

好的，我知道了。再见啦。

再见。

噔噔噔

虽然你现在不知道，但以后一定会明白的。

那就再见了，希望你能实现梦想。

这里展现的是荷兰人与大海斗争的历史。

这里吗?

是的,15世纪的时候,这里还是一座岛屿。

从那时开始,人们一直在与海水侵蚀做着艰苦的抗争。

到了1918年,工程师出身的大臣考尔耐利斯提出了围海造田计划,这才有了今天的斯霍克兰。

你那么得意,好像就是你指挥了当时的围海造田工程!

啊!呃,我不是那个意思。

开玩笑,我在开玩笑。

不过我有件事想请你帮忙……

你能带我去新教堂吗?

因为只有能看见我的人,比如你,才能带我去。

他的话是什么意思?不过我还有任务要完成呢……

89

新教堂与王室有着密切的关系。

这里是率领荷兰取得独立的威廉·范·奥伦治，以及王室成员的墓地。

它的内部装饰华丽，还有很多王室的用品展出，所以吸引了许多游客前来参观。

那么你的秘密任务是不是也与王室有关？

秘密任务？

啊，对了！

怎么了？

哈哈，不是的，其实我只是想来这里看看而已。

什么？并没有秘密任务？

我好像没说过呀。

真是的，总是遇到奇怪的人，浪费了我这么多时间。

现在得抓紧时间了。

海牙

这里就是海牙的国会大厦。

这里原来是一座古堡，后来才成为国会大厦。

太好了，现在来拍张纪念照片吧。

请谁帮我拍呢？

那个人不像是本地人，看上去很伤心的样子。

你，能看见我？

啊，对不起，你为什么要那么悲伤地望着城堡？

嗯，因为看到这里，让我想起了以前的事情。

我叫李俊，来自韩国。

韩国？

啊，我知道韩国。

首都是首尔。

是吗？原来韩国现在已经越来越知名了。

但在以前，韩国是一个非常弱小的国家。

在万国和平会议召开时，因为没有实力而被拒之门外。

哦？那是什么意思？

那是1907年万国和平会议时发生的事。

万国和平会议是多个国家为了谋求和平而召开的会议。

那时候，高宗皇帝派出特使，

想要向全世界揭露日本对韩国的侵略。

但却因为是弱小国家，而被拒绝参加会议。

原来还有这样的事。

你也别太伤心了。

不自觉地就流泪了。

如果你说的是真的……

那么地球就会因为你陷入危险。

你到底有没有办法找到平板电脑啊?

平板电脑是从哪儿来的呢?

宇宙秘密特攻队!对呀,只要找到宇宙秘密特攻队的总部不就行了吗?

虽然是个好主意,但是你知道怎么找到他们吗?

嗯?这个我倒还没想过。

那就只能去问问了。

你要去问谁?

一会儿就知道了,跟我来!

100

没想到你第一次骑自行车就骑得这么好。

别跟我说话！我觉得自己马上就要摔倒了！

现在咱们来比赛怎么样？

比就比！

好，出发！

喂，等等我！

金德代克

呼呼，这里就是金德代克吗？

这里好像是童话里的村庄啊。

金德代克的风车群可不单单是为了观赏用的。

它体现的是许多年来荷兰人为了守护这片土地所做的努力。

很早以前，风车主要的作用是利用风力进行排水。

你为什么对荷兰这么了解？

因为我已经在这里待了100多年了。

100多年？最近都流行这样开玩笑吗？

哈哈，我可不是在开玩笑。

这可一点儿都不好笑。

好，好，知道了。

找到啦！

不过，平板电脑为什么会在这里？

因为那台平板电脑上写着，如果有人捡到请送到宇宙秘密特攻队。

哦，所以捡到的人也和我们一样，找到这里来了。

是的，就是这么回事！

谢谢您！

找到真正的失主就好了。

真是太好了。

嗯，真是多亏了你，谢谢！

106

不要忘记，有些问题的答案，就在问题里。

只要认真思考这个问题，就一定能找到答案。

这是什么意思？又来了这么一句奇怪的话。

为什么这些怪人每次到分别的时候，都会跟我说一些奇怪的话？

一定要记住啊！知道吗？

我走了。

再见。

好，一路顺风。

再见，一定要成功完成任务啊！

乌得勒支

到了，乌得勒支！

第四个任务就在乌得勒支大学！

乌得勒支大学是荷兰规模最大的大学。

它创建于 1636 年，有着悠久的历史和传统。

这座建筑好像乐高积木啊，看得我都想动手了。

长大以后，我也要来这里学习。

嘿嘿嘿

你应该也见过其他那几位朋友了吧?

其他朋友?

难道?

唰

唰

没有!没有安妮,也没有考尔耐利斯!

博物馆里的安妮……

李俊说他在荷兰待了100多年……

考尔耐利斯说自己指挥了围海造田工程。

你们到底是什么人？

走开！

到底怎么回事？

你别害怕！我们都是来帮助你的呀！

我们是利用时光机器过来帮助你的啊！

帮我？为什么？

虽然你很调皮，但也很聪明，所以才会和我们成为朋友。

是的，我们都是来帮助你的。

多亏了我们，你的旅途才能这么顺利，难道不是吗？

那倒是，不过……

下一个任务是哪里？

我要找到荷兰现代建筑的代表作。

真的？那我带你去！

嗯。

知道了，好，走吧。

早就该这样。

对了，安妮长什么样子？

安妮？

嗯，我还没见过她呢。

什么？你不肯说？

快点说呀，你说不说？

115

就是这里。

就是这座房子。

这里我知道，这是建筑师格里特·里特维尔德在 1924 年为卢斯·施罗德设计的住宅。

所以它的名字就叫施罗德住宅，对不对？

还不错。

因为里特维尔德是我最喜欢的建筑师。

哦，是吗？太好了，那你再给我多讲讲。

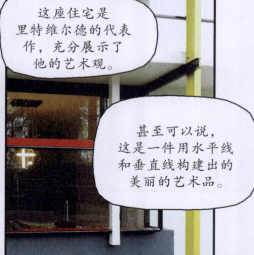

这座住宅是里特维尔德的代表作，充分展示了他的艺术观。

甚至可以说，这是一件用水平线和垂直线构建出的美丽的艺术品。

平板电脑上出现了世界地图碎片的线索。

辛苦了。
下午5点,
你会在福莱特霍夫广场的教堂顶部的十字架上找到世界地图碎片。

那现在去福莱特霍夫广场?

嗯。

太好了,马上出发!

福莱特霍夫广场在马斯特里赫特。

哈哈,对呀,快走吧。

嗯?

我只能陪你到这里了。

看来你也要和我分别了。

快去吧,如果见到其他朋友,代我向他们问好。

那我走了。

加油,一定要成功完成任务啊!

如果遇到困难,一定要想想朋友们告诉你的那些话!

谢谢你们所有人!

现在向着马斯特里赫特全速前进!

与荷兰
有关的40件事

01 荷兰国土的 1/4 都低于海平面。

02 荷兰的国旗是红、白、蓝三色旗。

03 荷兰的正式国名是荷兰王国。

04 荷兰是西欧人口密度最高的国家之一。

05 荷兰是整个欧洲城市人口最集中的国家。

06 荷兰现在的国家元首是威廉·亚历山大国王。

07 荷兰的首都是阿姆斯特丹，但真正意义上的政治与行政中心则是海牙。

08 荷兰的国王居住在海牙，而不是阿姆斯特丹。

09 17 世纪时，荷兰是全世界最大的海上贸易国。

10 东印度公司指的是 17—19 世纪时，荷兰、英国、法国以交易为目的，在印度设立的贸易公司。

11 荷兰的鹿特丹是全世界最繁忙的港口城市之一。

12 比荷卢经济联盟是由比利时、荷兰和卢森堡三国共同建立的经济组织。

13 荷兰的象征郁金香，是 16 世纪从土耳其引入荷兰的。

正在交易郁金香球茎的荷兰商人

14 大约 17 世纪的时候，郁金香在荷兰受到强烈欢迎，一个珍稀品种的郁金香球茎的价格几乎相当于一座房子的价格。

15 在荷兰，郁金香最多的地方要数库肯霍夫公园，那里每年都会举办郁金香节。

16 风车原本是一种用来抽海水的手段。

17 荷兰在农业方面采用了尖端的技术，产能是全世界领先的。

18 荷兰生产的农产品，有一半以上都出口到了其他国家。

19 荷兰种植鲜花，其中最具代表性的是郁金香、玫瑰、菊花和康乃馨。

20 荷兰是著名的奶酪出口国。

21 众所周知的豪达奶酪、艾登奶酪，都是以奶酪的产地来命名的。

22 在荷兰，滑冰是一项广受欢迎的国民运动，荷兰也拥有许多世界级的滑冰选手。

23 荷兰国家足球队的队服是橙色的。因此，荷兰队也被称为"橙色军团"。

24 荷兰传奇的足球运动员约翰·克鲁伊夫所使用的招牌过人动作，被称为"克鲁伊夫转身"。

25 在 1998 年法国世界杯中率荷兰队获得第四名的希丁克教练，就是荷兰人。

26 荷兰的阿姆斯特丹举办了 1928 年夏季奥运会。

27 世界知名的电子产品公司——飞利浦的总部就位于阿姆斯特丹。

28 荷兰海员哈梅尔在 1653 年航行前往日本的时候，与同行的 36 名船员曾经到达过济州岛。返回荷兰以后，他根据这段经历，撰写了《哈梅尔漂流记》。

29 荷兰人很喜欢吃腌渍鲱鱼。

30 荷兰的自行车道路非常发达，甚至可以骑自行车从一座城市到另一座城市。

腌渍鲱鱼

31 文森特·梵高是 19 世纪荷兰的天才画家。

32 荷兰的伦勃朗是 17 世纪欧洲绘画界的代表人物。

33 荷兰物理学家、天文学家惠更斯于 1655 年发现了土星的卫星，并辨识出土星光环。

34 荷兰哲学家斯宾诺莎留下一句名言："人心不是靠武力征服，而是靠爱和宽容征服。"

35 荷兰探险家塔斯曼于 1642—1643 年发现了新西兰岛和新几内亚岛。现在的大洋洲还有很多以他的名字命名的地方。

36 荷兰拥有全世界最高水平的钻石加工技术。

37 荷兰曾经拥有许多殖民地，殖民地的面积一度超过本土面积数倍。

38 荷兰人穿木鞋是因为荷兰的土地泥泞。

39 荷兰土地狭小，所以在盖房子的时候，大多都是又高又窄的造型。

40 曾经只是小渔村的马肯岛与鹿特丹，都极具典型的荷兰风情。当地的女子头戴尖帽，穿着条纹围裙，男子则穿着木鞋和饰有银色纽扣的宽松长裤。

尾声
未来的
建筑大师
——简！

这里就是马斯特里赫特的福莱特霍夫广场！

怎么才能爬到那么高的尖顶上去啊？

现在只剩下5分钟了，怎么办？该怎么办？

简，冷静！还记得我们告诉你的话吗？

嗯？什么？我刚才好像听到了安妮的声音？

他们都跟我说过什么来着？

首先安妮告诉我，遇到问题的时候，退后几步再思考。

好，先退后几步。

考尔耐利斯说看看周围……

周围有什么，嗯？

难道是影子？

对，没错！李俊说答案就在问题里。

问题里有明确的时间，因为影子会随时间而发生变化。

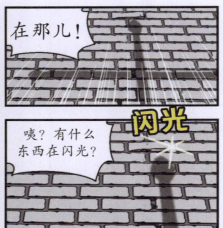

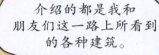